Marie-José Strich

DESSERTS D'ALSACE

Photographies : Didier BENAOUDA

Réalisation des recettes : Pascal Schubnel
chef et propriétaire du restaurant
Le Pavillon Gourmand à Eguisheim.

ÉDITIONS OUEST-FRANCE
13, rue du Breil, Rennes

Monsieur et madame Pascal Schubnel, devant leur restaurant Le Pavillon Gourmand *à Eguisheim, une des plus anciennes maisons du village, construite en 1683.*

Pour commencer

« Süzel ayant eu un jour l'idée […] d'ajouter au dîner des beignets d'une sorte particulière, saupoudrés de cannelle et de sucre, Fritz trouva cela de si bon goût, qu'ayant appris que Süzel avait seule préparé ces friandises, il ne put s'empêcher de dire à l'anabaptiste après le repas :

— Écoutez, Christel, vous avez une enfant extraordinaire pour le bon sens et l'esprit. Où diable Süzel peut-elle avoir appris tant de choses ? Cela doit être naturel. […] Je suis si content de ces beignets, que je voudrais savoir comment elle s'y est prise pour les faire.

— Eh ! nous n'avons qu'à l'appeler, dit le vieux fermier, elle nous expliquera cela. Süzel, Süzel !

— […] Qu'est-ce qu'il y a mon père ? fit-elle de sa petite voix gaie ; vous m'avez appelée ?

— Oui, voici M. Kobus qui trouve tes beignets si bons, qu'il voudrait bien en connaître la recette.

— […] Oh ! M. Kobus veut rire de moi.

— Non, Süzel, ces beignets sont délicieux ; comment les as-tu faits, voyons ?

— Oh ! M. Kobus, ça n'est pas difficile ; j'ai mis… mais si vous voulez, j'écrirai cela, vous pourriez oublier » (Erkmann-Chatrian, L'Ami Fritz, chapitre VI).

Premier échange écrit entre la jolie Süzel et l'Ami Fritz, une recette… Jusqu'où ce vieux garçon de Fritz ira-t-il pour l'amour des beignets de Süzel ? La jeune fille devine-t-elle quel charme a sa cuisine ? Suivons Süzel sur les chemins gourmands d'Alsace. Abandonnons-nous aux délices parfumées de la Linzertort, du Kugelhopf et parmi les tentations alsaciennes, goûtons, comme Fritz, aux beignets saupoudrés de cannelle. Qui sait ? Leur magie s'exercera peut-être de nouveau. Sans vouloir présager de la puissance ensorcelante de ces Desserts d'Alsace, laissons-les nous ramener vers le péché favori de l'enfance, celui de la gourmandise.

Pour accompagner

Les vins d'Alsace

En 1584, devant le vignoble de Thann, Montaigne s'extasie avec ses compagnons bordelais et note dans son Journal : « *Trouvâmes une belle et grande plaine flanquée à main gauche de coustaus pleins de vignes les plus belles et les mieux cultivées et en telle étendue que les Gascons qui étaient là disent n'en avoir jamais vu tant de suite.* »

Déroulant son ruban vert sur les glacis qui font le raccord entre la montagne et la plaine, le vignoble alsacien a son cœur entre Barr et Guebwiller. L'étroite coulée verte s'accroche aux flancs des collines qu'il couvre de pampres et unit le Haut-Rhin au Bas-Rhin, la basse Alsace à la haute Alsace.

Petite particularité, les vins d'Alsace prennent le nom des cépages et non des villages dont ils sont issus. Les cépages sont nombreux et anciens :

— les cépages de base : Chasselas, Sylvaner, Pinot blanc ;

— les cépages les plus nobles : Riesling, Muscat, Tokay, Gewurztraminer, Pinot noir, cépage venu de Bourgogne et bien représenté en Alsace dès le Moyen Age et que l'on redécouvre à présent après une petite éclipse.

Un Muscat ou un Gewurztraminer accompagneront à merveille les desserts. Le Gewurztraminer, raisin à peau rosée, offre des arômes fleuris (violette, rose, géranium) et fruités (ananas, fruits exotiques) et emplit bien la bouche. Corsé et épicé avec élégance, il rivalise, selon les goûts de chacun, avec le Muscat sec et fruité, résultat de l'union de deux cépages, le muscat d'Alsace (très fruité) et le muscat ottonel (plus discret).

Les vins d'Alsace présentés dans leurs élégantes bouteilles typiques, la flûte, sont servis frais mais non glacés. La couleur verte de la bouteille la différencie des flacons du Rhin qui sont de couleur brune. Les verres aussi sont caractéristiques : ballon blanc sur un fin pied vert.

N'oublions pas le Crémant dont l'appellation d'origine contrôlée a été reconnue en 1976. Par ses joyeuses bulles nées de la traditionnelle méthode champenoise appliquée aux nobles cépages alsaciens, le Crémant d'Alsace donnera un air de fête à tous les desserts. Il sera servi frappé entre 5 et 7°.

Le vacherin et le Kugelhopf

Pour se régaler

Le vacherin

*Présent à tous les repas de fête, ce dessert séduit tout le monde
par son alliance du froid et de la meringue agréablement accompagnée de pralin.*

Pour 6 personnes
4 œufs, **50 g** de sucre, **20 g** de crème fraîche, **1** sachet de sucre vanillé,
40 g de sucre, **20** petites meringues blanches (ou **1** grosse meringue blanche de pâtissier),
1 sachet de pralin, **1** flacon de caramel liquide

Séparer les blancs des jaunes.

Dans une jatte, battre les jaunes avec les 50 g de sucre, la crème fraîche et le sachet de sucre vanillé.

Battre les blancs en neige ferme, y incorporer délicatement les 40 g de sucre.

Ajouter le mélange œufs en neige et sucre à la préparation.

Tapisser de caramel liquide le fond du moule destiné à accueillir le vacherin (un simple saladier à fond plat peut convenir).

Ajouter la moitié du pralin, la moitié de la préparation.

Disposer les meringues brisées.

Couvrir à nouveau de pralin et enfin de la seconde moitié de la préparation.

Couvrir et placer au moins 4 h au congélateur.

Kugelhopf

*Figure emblématique de la pâtisserie alsacienne, le Kugelhopf (étymologiquement
« la boule Kugel – qui saute hors du moule – Hopf ») séduit tout le monde
par ses godrons torsadés surmontés d'amandes.
La reine Marie-Antoinette l'appréciait particulièrement.*

1 kg de farine, **250 g** de beurre, **4** œufs très gros, **50 g** de sucre,
50 g de levure de boulanger (**1** cube) délayée dans un peu lait tiède (25 cl),
1 pincée de sel, **250 g** de raisins de Smyrne et de Corinthe, amandes mondées ou non

Délayer la levure dans 25 cl de lait tiède, laisser reposer 15 min.

Faire tremper dans l'eau tiède les raisins.

Faire un puits avec la farine.

Incorporer les 4 œufs, le sel, le sucre, le beurre amolli.

Bien pétrir l'ensemble pendant 20 min. La pâte est à point quand on distingue des espèces de « cratères ».

Ajouter les raisins égouttés et préalablement roulés dans la farine pour qu'ils ne tombent pas au fond du moule à Kugelhopf.

Beurrer le moule et placer une amande dans chaque godron du moule. Y verser la pâte.

Couvrir le tout d'un torchon et laisser la pâte lever pendant 10 h à température ambiante.

Faire cuire 50 min à four moyen.

Une fois démoulé et refroidi, saupoudrer le Kugelhopf de sucre glace.

Krapfen (beignets de carnaval)

Cake grand-mère

400 g de farine, **250 g** de sucre, **125 g** de beurre, **4** œufs, **1** paquet de levure chimique, **1** sachet de sucre vanillé, **1** verre de lait, **1** zeste de citron

Séparer les blancs des jaunes et battre les blancs en neige.

Incorporer le sucre aux jaunes d'œufs, la farine, le beurre amolli, le verre de lait, le citron, le sucre vanillé.

Cuire pendant 30 min à thermostat 4, puis 15 min à thermostat 3.

Krapfen (beignets de carnaval)

550 g de farine, **200 g** de beurre, **1/2** verre de lait, **2** œufs,
2 cuillerées à soupe de sucre, **1** cuillerée à café de sel,
1 sachet de levure de boulanger, confiture d'abricot, sucre glace

Faire un puits avec la farine.

Ajouter le beurre fondu, les œufs, le sucre, le sel puis ajouter la levure de boulanger délayée dans le lait tiède.

Bien mélanger le tout. Abaisser la pâte sur l'épaisseur d'un doigt. Découper 16 disques de 7,5 cm de diamètre.

Les superposer deux à deux en les fourrant de confiture d'abricot. Souder les bords.

Laisser reposer 1 h.

Les faire frire et une fois refroidis les saupoudrer de sucre glace.

Biscuit

*Très léger (8 œufs pour 300 g de farine),
ce biscuit est particulièrement savoureux.*

8 très gros œufs, **300 g** de sucre, **300 g** de farine,
1 pincée de sel, sucre vanillé pour l'arôme

Séparer les blancs des jaunes.

Battre en neige les blancs d'œufs avec la pincée de sel, tout en incorporant peu à peu le sucre. Le résultat obtenu doit donner des blancs en neige très fermes.

Ajouter un à un les jaunes d'œufs puis, tout en tournant doucement, mélanger, cuillerée par cuillerée, la farine et le sucre vanillé.

Beurrer un moule, rond de préférence.

Cuire 50 min à 1 h au thermostat 4.

Déposer le biscuit sur une grille et le laisser reposer une nuit avant de le déguster.

Gâteau au chocolat et aux noix

300 g de farine, **150 g** de beurre, **250 g** de sucre, **4** œufs,
1 pincée de sel, **2** cuillerées à café de levure chimique,
3 cuillerées à soupe de lait, **100 g** de chocolat noir,
150 g de cerneaux de noix hachés grossièrement

Travailler le beurre et le sucre.

Ajouter les œufs.

Lorsque ce mélange est bien homogène, incorporer la farine, le sel, la levure et le lait tiédi. Mélanger alors les noix et le chocolat grossièrement hachés.

Beurrer un moule à cake, y disposer cet appareil et cuire à four moyen 50 min.

Gâteau de la Forêt-Noire

Schwowebredla

*Délicieuse variante de biscuits dont la pâte devra reposer
une nuit avant d'être cuite. (A préparer la veille !)*

270 g de beurre amolli, **250 g** de sucre, **2** œufs entiers, **20 g** de cannelle,
150 g d'amandes hachées, **500 g** de farine, **1** zeste de citron

Incorporer le beurre à la farine.

Ajouter les œufs entiers, les amandes, la cannelle, le zeste de citron et le sucre. Bien travailler l'ensemble de façon à obtenir une pâte bien homogène. Laisser reposer une nuit entière.

Le lendemain, abaisser la pâte sur 1,5 cm.

A l'aide d'emporte-pièce, y découper des formes de cœur et de trèfle.

Dorer à l'œuf, disposer sur une grille beurrée et farinée.

Faire cuire 12 min à four chaud.

Gâteau aux noix

250 g de beurre, **600 g** de sucre, **10** œufs, **250 g** d'amandes, **250 g** de noix,
160 g de farine, **2** petits verres de kirsch

Bien travailler les œufs et le sucre, le beurre, la farine, les noix et les amandes.

Ajouter le kirsch.

Cuire 30 min à thermostat 5.

Démouler une fois refroidi.

Gâteau de la Forêt-Noire

Pâte
4 œufs, **250 g** de sucre, **1** sachet de sucre vanillé, **250 g** de farine,
110 g de beurre, **50 g** de cacao, **3** cuillerées de levure chimique
Garniture
400 g de griottes ou de bigarreaux au sirop (en boîte), **50 cl** de crème fraîche épaisse,
25 cl de kirsch, **100 g** de chocolat, quelques cerises confites pour la décoration

Première étape

Faire macérer 2 h les cerises dans 10 cl de kirsch.

Battre en mousse le sucre, les jaunes d'œufs et le sucre vanillé.

Fouetter les blancs en neige ferme.

Poser cette neige sur la masse des jaunes et y incorporer délicatement le mélange tamisé farine, levure, cacao.

Ajouter le beurre fondu. Disposer l'appareil obtenu dans un moule beurré et faire cuire 30 minutes à thermostat 7.

Seconde étape

Une fois refroidi, découper le biscuit en deux tranches horizontales.

Imbiber le fond de kirsch. Disposer régulièrement les griottes ou les bigarreaux.

Battre la crème avec le sucre. En répartir les trois quarts sur les cerises. Reconstituer le biscuit en replaçant la seconde moitié sur le fond. Arroser de kirsch, napper avec le reste du mélange crème et sucre et décorer avec quelques cerises confites.

Gâteaux à l'anis (Anisbredala)

Gâteaux à l'anis (Anisbredala)

6 œufs, **125 g** de sucre, **30 g** d'anis, **125 g** de farine

Amalgamer les 6 œufs et le sucre en les battant soigneusement.

Ajouter l'anis et la farine.

Disposer la pâte ainsi obtenue en petits ronds sur une tôle beurrée.

Laisser reposer 10 à 12 h dans un endroit frais.

Mettre à feu doux et au bout de 10 min bien surveiller la cuisson : dès que les gâteaux ne sont plus de couleur ivoire mais qu'ils ont blondi, éteindre le four. Une espèce de croûte cloquée forme en quelque sorte un chapeau.

Pain de poires (Berawecka)

Très énergétique, ce pain de poires permettait de soutenir des temps de famine.
Traditionnellement, on le sert le 24 décembre avant la messe de minuit ;
de nos jours, il apparaît au petit déjeuner de Noël et du Jour de l'an.
Le Berawecka, très commode à emporter, sera apprécié lors de randonnées pédestres.

Pour 3 Berawecka de 500 g
200 g de poires séchées, **75 g** de pommes séchées, **100 g** de prunes séchées
ou de pruneaux, **100 g** de figues séchées, **40 g** de raisins blancs secs, **100 g** d'écorce
d'orange confite, **100 g** d'écorce de citron confit, **100 g** d'amandes, **150 g** de noix,
20 g de cannelle en poudre, **150 g** de farine, **200 g** de sucre cristallisé,
150 g de pâte à pain, **10 cl** de kirsch ou de marc

Faire ramollir dans un peu d'eau les poires, pommes et pruneaux. Conserver le liquide.

Hacher grossièrement tous les fruits sauf les noix et les amandes que l'on ajoute le lendemain après macération des autres fruits dans l'alcool.

Terminer en incorporant le sucre, la pâte à pain et la farine. Mouiller avec l'eau qui a amolli les fruits.

Façonner en forme de pain et décorer avec des noix et des amandes. Disposer sur des plaques beurrées et farinées.

Cuire à feu moyen pendant 30 ou 40 min.

Ne manger que 6 jours après la cuisson, lorsque le Berawecka sera légèrement rassis.

Spritzgebackenes

500 g de farine, **250 g** de sucre, **300 g** de beurre, **3** jaunes d'œufs
et **3** blancs battus en neige, vanille

Mélanger les différents ingrédients et mettre la boule de pâte dans une poche à douille dentelée. On obtient un boudin de l'épaisseur d'un doigt qu'on coupera en bâtonnets à la longueur désirée. On peut également façonner le cordon de pâte à sa fantaisie : 5, fer à cheval, etc.

Gâteaux de Noël (Bredalas)

3 œufs, **125 g** de farine, **125 g** de beurre fondu, **200 g** de sucre, **1** zeste de citron ou
1 gousse de vanille, **1** ou **2** cuillerées de lait, **1** paquet de levure chimique

Dans le beurre battu en écume, incorporer le sucre, les œufs l'un après l'autre, le citron et enfin la farine tamisée avec la levure.

Veiller à ce que la pâte obtenue soit bien lisse, l'étendre sur trois quarts de centimètre et y découper des formes diverses.

Enduire de jaune d'œuf et laisser dorer au four.

Pour les trois recettes suivantes, le repos de la boule de pâte est conseillé. Aucune indication de temps de cuisson pour ces gâteaux : les Alsaciennes surveillent attentivement leur four et s'interdisent de répondre au téléphone pendant la cuisson comme elles proscrivent l'emploi de la poudre d'amande, les amandes moulues ayant un meilleur parfum.

Petits gâteaux de Noël au beurre (Butterbredalas)

Petits gâteaux de Noël au beurre (Butterbredalas)

500 g de farine, **250 g** de beurre, **250 g** de sucre, **8** jaunes d'œufs

Bien travailler le sucre et les œufs, ajouter le beurre amolli et la farine. Laisser reposer au frais 2 h. Abaisser à 5 mm et découper des formes variées à l'emporte-pièce.

Dorer au jaune d'œuf, placer sur une plaque beurrée et enfourner 10 min à four moyen.

Schwobe Broedel

*Il existe plusieurs versions de ce petit gâteau sec : les ingrédients
varient quelque peu mais le processus demeure le même.*

Première version
500 g de farine, **500 g** de sucre, **375 g** de beurre, **250** à **375 g** d'amandes mondées
et moulues, **1** jaune d'œuf, **1** zeste de citron, un soupçon de cannelle
et facultativement un soupçon d'essence de rose

Etendre la pâte à 5 mm d'épaisseur,
découper à l'emporte-pièce.

Dorer au jaune d'œuf. Cuisson four
assez chaud.

Deuxième version
375 g de farine, **250 g** de sucre, **250 g** de beurre, **1** œuf, **125 g** d'amandes moulues,
1 zeste et **1** jus dc citron

Troisième version
375 g de farine, **375 g** de sucre, **2** œufs, **250 g** d'amandes moulues, **15 g** de cannelle,
1 zeste de citron, **1** petit verre de schnaps

Zimtsterne (étoiles à la cannelle)

250 g de sucre glace, **4** blancs d'œufs battus en neige, **250 g** d'amandes moulues,
15 g de cannelle, jus d'un demi-citron

Bien battre pendant une dizaine de
minutes les blancs battus en neige et le
sucre glace.

Réserver la valeur de 2 cuillerées à
soupe de ce mélange pour le décor des
gâteaux.

Ajouter au reste du mélange les 250 g
d'amandes moulues, les 15 g de cannelle, le
jus du demi-citron.

Etaler la pâte sur une planche saupou-
drée de sucre. Découper en forme d'étoiles
et faire cuire à feu modéré.

Pain de Noël (Christstollen)

35 g de levure de boulanger, **750 g** de farine, **3** jaunes d'œufs, **100 g** de sucre,
25 cl de lait, **250 g** de beurre, **125 g** d'amandes mondées et hachées,
125 g d'écorce d'orange et de citron confits, **150 g** de beurre

Placer la farine à l'entrée du four afin
qu'elle tiédisse doucement.

Creuser le puits. Mélanger le lait tiédi à la
levure de boulanger brisée en petits morceaux.

Couvrir d'un linge et laisser lever dans
un endroit tiède pendant 15 min.

Bien incorporer le beurre puis les jaunes
d'œufs, le sucre, les amandes, les raisins secs,
les écorces d'orange et de citron confits

Plier l'ensemble en forme de pain et
laisser lever une seconde fois pendant 10 à
15 min seulement sinon l'appareil prendra
des proportions impressionnantes.

Placer dans le four thermostat 7 pendant
1 h.

Une fois cuit, badigeonner le pain de
Noël de beurre et de sucre glace.

Petits gâteaux de Noël à l'amande

500 g de farine, **250 g** de beurre, **250 g** de sucre, **250 g** d'amandes moulues,
1 zeste de citron, **100 g** d'écorce d'orange confite, **2** œufs, **1** jaune d'œuf pour dorer,
1 pincée de levure chimique, **1** pincée de sel

Le beurre amolli est incorporé au sucre, aux œufs, aux amandes, à la cannelle, au sel, à la levure, à l'écorce d'orange confite sans oublier le zeste de citron.

Ajouter la farine. Réserver au frais une nuit. Abaisser la pâte à 4 ou 5 mm et découper à l'emporte-pièce des étoiles, des trèfles, des silhouettes de personnages et d'animaux au gré de votre fantaisie.

Dorer au jaune d'œuf, placer sur une plaque beurrée et enfourner environ 10 min à thermostat moyen.

Agneau de Pâques (Lammala)

9 œufs, **270 g** de farine, **375 g** de sucre, **1** zeste de citron, **25 cl** de lait, **30 g** de fécule,
30 g de beurre fondu, **3** pincées de levure de boulanger, sucre glace pour la décoration

Battre les blancs d'œufs en neige avec le sucre.

Ajouter les jaunes d'œufs puis la farine tamisée, la fécule, le zeste de citron, le beurre fondu et la levure de boulanger préalablement délayée dans 25 cl de lait tiède..

Beurrer le moule en forme d'agneau.

Enfourner 45 min à thermostat moyen.

Démouler immédiatement et lorsque l'agneau est refroidi, saupoudrer de sucre glace.

Pflüta de carnaval à la confiture

6 œufs, **1 kg** de farine, **2** pincées de sucre, **2** pincées de sel, **150 g** de beurre,
40 g de levure de boulanger, **30 cl** de lait coupé d'eau
Confiture
1 jaune d'œuf pour souder, sucre fin pour saupoudrer

Préparer un levain avec le lait tiède, la levure et 100 g de farine.

Rouler en boule et laisser reposer 20 min.

Ajouter au levain le reste de farine, le sucre, le sel, le beurre amolli et les 6 œufs.

Pétrir quelques instants et abaisser la pâte sur 5 mm.

Découper à l'aide d'un verre ou d'une tasse des rondelles de 5 ou 6 cm de diamètre.

Garnir de confiture l'une des moitiés et la recouvrir de l'autre. Souder avec le jaune d'œuf.

Laisser lever 1 h.

Plonger ces « Krapfen » dans la friture chaude.

Egoutter et saupoudrer de sucre fin.

Agneau de Pâques (Lammala)

Rieweleküeche

10 pommes, **100 g** de beurre, **150 g** de sucre, **350 g** de farine, **1** œuf,
1 sachet de sucre vanillé, eau-de-vie, **1** sachet de levure chimique

Mélanger le sucre, l'œuf, le beurre, le sucre vanillé, la farine et la levure.

Bien travailler l'appareil obtenu et roulotter la pâte en fines quenelles (« Riewele »). En placer les trois quarts dans un plat allant au four, recouvrir de pommes épluchées, coupées et épépinées, ajouter le dernier quart des Riewele.

Cuire 30 min à four moyen.

Déguster froid.

Mendiant (Bettelmann)

*Le mendiant se déguste tiède et peut, d'une manière plus sophistiquée,
se servir accompagné d'un coulis de cerises.*

6 petits pains au lait rassis, **50 cl** de lait, **150 g** de sucre,
1 sachet de sucre vanillé, **1** cuillerée de cannelle, **100 g** de noisettes
(ou d'amandes) moulues, **4** œufs, **1 kg** de cerises,
3 cuillerées de chapelure, **40 g** de beurre

Les petits pains sont ramollis dans le lait chaud et une fois refroidis sont écrasés à la fourchette.

Ajouter le sucre, le sucre vanillé, la cannelle, le beurre amolli, les noisettes et les œufs un à un et enfin les cerises. Dans un plat allant au four bien beurré, verser l'ensemble saupoudré de chapelure.

Cuire à four chaud (thermostat 7 ou 210°) pendant 1 h.

Gâteau au vin d'Alsace

200 g de sucre, **3** œufs, **250 g** de farine, **100 g** de raisins secs,
1 sachet de levure chimique, **1** sachet de sucre vanillé,
1 verre de vin d'Alsace, **1** verre d'huile

Faire gonfler dans le kirsch les raisins secs.

Incorporer le sucre et le sucre vanillé aux œufs, ajouter le vin et l'huile puis la farine et la levure et enfin les raisins préalablement macérés dans l'alcool.

Disposer la pâte dans un moule à cake et cuire à four moyen pendant 45 min.

Une fois démoulé et refroidi, saupoudrer de sucre glace.

Mendiant (Bettelmann)

Gâteau aux noix

250 g de sucre, **250 g** de raisins, **250 g** de cerneaux de noix, **250 g** de farine,
4 œufs, **1** sachet de levure chimique, cannelle

Battre le sucre et les œufs.

Ajouter les noix et les raisins et enfin la farine et la levure.

Parfumer avec la cannelle.

Disposer dans un moule à cake et cuire à thermostat 6 (180°) pendant 1 h.

Gâteau au vin rouge
(Rotwin Un Müesbolleküeche)

300 g de farine, **250 g** de beurre, **250 g** de sucre, **1** sachet de levure,
1 sachet de sucre vanillé, **1** cuillerée à café de cannelle, **1** cuillerée à café de cacao amer,
5 œufs, **150 g** de vermicelles de chocolat, **10 cl** de vin rouge corsé

Séparer les blancs des jaunes. Battre les blancs en neige ferme.

Battre le beurre amolli, le sucre.

Ajouter la farine et la levure, le vin rouge, la vanille, la cannelle, le cacao, les vermicelles au chocolat.

Incorporer un à un les jaunes d'œufs puis ajouter les blancs en neige.

Placer dans un moule bien beurré et cuire 1 h à thermostat 6 (180°).

Une fois refroidi saupoudrer le gâteau de sucre glace et/ou de cacao.

Gâteau aux épices

125 g de beurre, **12** cuillerées à soupe de sucre, **4** œufs, **13** cuillerées à soupe de farine,
2 cuillerées à soupe de cacao amer, **2** ou **3** noisettes moulues,
1 sachet de levure chimique, lait, cannelle selon le goût

Tourner en mousse la beurre avec le sucre.

Incorporer les jaunes d'œufs, 6 cuillerées de farine et la première moitié du sachet de levure. Avec un peu de lait, obtenir une pâte bien lisse et ajouter alors les 6

autres cuillerées de farine, le reste du sachet de levure, le cacao, les noisettes et la cannelle.

Enfin, battre les blancs en neige ferme et les incorporer.

Cuire à four modéré (thermostat 6).

Biscuit aux pommes ou aux poires

3 œufs (ou **4** s'ils sont petits), **6** cuillerées à soupe à dos d'âne de sucre,
jus d'un demi-citron, **6** cuillerées à soupe d'huile, **6** cuillerées à soupe de farine,
2 cuillerées à café rase de levure chimique, **2** pommes (Reinette ou Boskop) ou
3 poires, amandes effilées

Séparer les blancs des jaunes.

Tourner les jaunes avec le sucre. Ajouter le jus de citron, l'huile.

Battre les blancs en neige ferme.

Tamiser la farine sur le mélange et ajouter les blancs battus en neige.

Etendre cette pâte sur une tôle à tarte bien beurrée et farinée.

Couper les fruits en fines lamelles et les placer sur la pâte.

Eparpiller dessus quelques amandes effilées.

Cuire à four moyen pendant 30 min.

Saupoudrer le gâteau encore tiède de sucre glace.

Biscuit aux pommes ou aux poires

Nègre en chemise (Steinhouse)

*Le nom pittoresque de cette charlotte au chocolat s'explique par le jeu des couleurs :
noir à l'intérieur du gâteau et blanc à l'extérieur.*

Première étape : la charlotte
200 g de chocolat, **6** œufs, biscuits à la cuiller, rhum ou eau-de-vie

Faire fondre le chocolat au bain-marie.
Séparer les blancs des jaunes.
Battre les blancs en neige ferme.
Incorporer d'abord les jaunes au chocolat fondu légèrement refroidi puis les blancs en neige.
Après avoir trempé vivement les biscuits à la cuiller dans un mélange alcool et eau (rhum et eau ou eau-de-vie et eau), en tapisser les bords et le fond d'un moule à charlotte.
Disposer une partie de l'appareil au chocolat et remettre une couche de biscuits à la cuiller. Respecter cette alternance chocolat/biscuits jusqu'à ce que le moule à charlotte soit rempli.
Placer au réfrigérateur bien froid pendant au moins 6 h.

Deuxième étape : la crème à la vanille
50 cl de lait, **3** jaunes d'œufs, **1** gousse de vanille, **50 g** de sucre

Battre les jaunes d'œufs avec un peu de lait froid. Porter à ébullition le lait avec la gousse de vanille fendue en deux et le sucre.
Dès que l'ensemble bout, retirer du feu et verser sur les jaunes en remuant sans cesse avec une cuiller de bois.
Placer à nouveau sur le feu, laisser frémir en veillant à ce que cela ne bouille pas.
Verser dans une jatte et placer au réfrigérateur.
Démouler la charlotte et la napper de crème à la vanille.

Clafoutis aux prunes

500 g de prunes mélangées, **2** cuillerée à soupe de sucre, **1** cuillerée à soupe d'eau-de-vie,
20 g de beurre, un sachet de sucre vanillé et une cuillerée à café de cannelle

Pour la pâte
2 œufs, un sachet de sucre vanillé, **2** cuillerées à soupe de sucre en poudre,
1 cuillerée à soupe de fécule de pomme de terre, **25 cl** de crème fleurette, **25 cl** de lait

Beurrer un plat allant au four. Saupoudrer de sucre.
Dans une jatte, disposer les prunes dénoyautées et coupées en deux ou en quatre.
Saupoudrer la moitié du mélange de sucre, vanillé et canelle et mouiller d'eau-de-vie. Mélanger légèrement et laisser macérer.
Dans une autre jatte, battre au fouet les œufs avec le sucre et le sucre vanillé, ajouter la fécule de pomme de terre.
Battre la crème et le jus de macération et le lait. Répartir les fruits dans le plat et verser la pâte.
Mettre à four moyen (thermostat 5) pendant 45 min.
Saupoudrer de sucre vanillé et de cannelle.

Nègre en chemise (Steinhouse)

Pain perdu (Wischnetta)

4 petits pains au lait, **2** verres de vin rouge ordinaire,
6 cuillerées d'huile, sucre et cannelle

Tremper les petits pains dans le vin avant de les faire dorer des deux côtés dans l'huile.

Saupoudrer à volonté du mélange sucre et cannelle.

Tranches de cannelle (Zemmetschnetta)

3 œufs, **500 g** de farine, **250 g** de sucre, **1** sachet de sucre vanillé,
200 g de beurre, **100 g** de noix hachées, **1** sachet de levure
Pour saupoudrer l'ensemble
un peu de lait, cannelle en poudre, **2** cuillerées à soupe de sucre

Battre en mousse les œufs, le sucre, le beurre et le sucre vanillé.

Ajouter la farine, la levure et les noix.

Une fois la pâte bien travaillée en boule, l'abaisser à la paume de la main sur une tôle beurrée.

Badigeonner d'un peu de lait et décorer à la fourchette en suivant l'inspiration du moment.

Placer à four moyen pendant 20 min.

Saupoudrer encore chaud de sucre et cannelle et découper en rectangles.

Cuisses de petits coquins au chocolat (Spetzbüawa)

Pour la pâte
350 g de farine, **250 g** de beurre, **125 g** de sucre, **1** sachet de sucre vanillé
Pour fourrer, glacer et décorer
50 g de beurre, rhum, **100 g** de sucre glace, **50 g** de cacao,
une trentaine de cerneaux de noix

Battre en mousse le beurre amolli, le sucre et le sucre vanillé.

Incorporer la farine.

Rouler la pâte en boule et laisser reposer au frais pendant 2 h.

Abaisser la pâte sur 5 ou 7 mm environ.

Avec l'emporte-pièce, découper des rondelles qui seront cuites au four 30 min à thermostat 6.

Pendant cette cuisson, mélanger le beurre amolli (mais non pas fondu) au sucre glace, au cacao et au rhum.

Une fois dorées et refroidies, retourner les rondelles et garnir la face plate d'un peu de crème. Placer une seconde rondelle de pâte.

Glacer les gâteaux de sucre glace dilué dans un peu d'eau et placer au centre un cerneau de noix.

« Petites cuisses » (Schangalas)

4 œufs, **60 g** de beurre, **500 g** de farine, **250 g** de sucre, **125 g** d'amandes moulues,
1 verre à liqueur de kirsch, **2** pincées de levure chimique

Bien mélanger ces ingrédients (sucre, œufs, beurre amolli, farine, amandes, kirsch), roulotter la pâte en forme de

« petite cuisse « comme l'indique l'étymologie alsacienne de « Schangalas » et les faire frire à feu moyen quelques minutes.

« Petites cuisses » (Schangalas)

Les tartes

« Quel beau jardin… ! », s'écria en 1678 le roi Louis XIV découvrant, du sommet du col de Saverne, l'Alsace, province que la monarchie, à l'issue de la guerre de Trente Ans, venait d'ajouter à la France. Dans ce « beau jardin », en effet, prospèrent des arbres fruitiers : rondes et blondes mirabelles, quetsches veloutées, reines-claudes mordorées, tendres abricots, framboises délicates, mûres savoureuses, pulpeuses cerises, pommes fermes et poires juteuses, sans oublier l'insolente rhubarbe, tous ces fruits viennent mourir avec élégance dans la confection de nombreuses tartes. Une pâte brisée sert de base à ces tartes qui sont le plus souvent, en Alsace, cuites avec un flan.

N. B. : le secret de la cuisson des tartes réside dans la température du four qui doit être préchauffé au thermostat maximum. Dans ces conditions, 30 min suffisent. Il est préférable aussi de faire cuire 5 à 10 min les fruits sans le flan.

Tarte aux pommes

Pâte brisée
250 g de farine, **125 g** de beurre amolli (mais non fondu),
un peu de sel, **1** verre d'eau, une cuillerée à café de canelle
Flan (pour 400 g de pâte brisée)
2 œufs, **75 g** de sucre, **10 cl** de lait

Pétrir du bout des doigts le beurre et la farine en mouillant légèrement avec l'eau ; ne pas oublier la pincée de sel.

Mettre en boule et laisser reposer une nuit sous un linge au frais.

Foncer le moule à tarte avec la pâte brisée. Abaisser la pâte au rouleau. Piquer légèrement le fond avec une fourchette.

Disposer les quartiers de pommes épluchés et entaillés (pour faciliter la cuisson).

Verser le flan et mettre à four très chaud pendant 25 à 30 min.

Une fois cuite, saupoudrer de sucre mêlé de canelle.

Tarte aux quetsches

Procéder comme pour la tarte aux pommes. Veiller à disposer les oreillons de quetsches le creux en l'air afin qu'il n'y ait pas trop de jus. Ajouter selon le goût de chacun le même flan que pour la tarte aux pommes (pas de canelle).

Tarte aux myrtilles

Les baies de myrtilles sont disposées crues sur la pâte accompagnée ou non du flan (pas de canelle).

Tarte aux quetsches et Tarte aux myrtilles

Tarte à la rhubarbe

*Les bâtons de rhubarbe sont épluchés et coupés en tronçons de 2 cm environ. Passer les tronçons de rhubarbe sous l'eau tiède. Les essorer dans un linge ou un papier absorbant. Saupoudrer abondamment de sucre car la rhubarbe est très acide.
Ajouter ou non le flan (pas de canelle).*

Tarte de Linz (Linzertort)

Ingrédients pour 2 tartes
500 g de farine, **200 g** de sucre, **250 g** d'un mélange d'amandes-noix-noisettes,
1 cuillerée à soupe de cacao sucré, **1** cuillerée à café de cannelle, **1** sachet de levure,
1 sachet de sucre vanillé, **2** œufs, **125 g** de beurre, **1** pot de confiture de framboises

Bien mélanger les 7 premiers ingrédients.

Ajouter les 2 œufs et le beurre fondu.

Laisser reposer cette pâte pendant une nuit.

Dans un moule à tarte à fond mobile, foncer la pâte. Le bord est constitué par un petit boudin de pâte qui ne saurait être trop important.

Garnir avec la confiture de framboises.

A l'aide d'une roulette, découper des lanières de pâte et les disposer en croisillons sur la confiture afin d'obtenir les motifs décoratifs spécifiques à ce type de tarte.

Cuire 30 min à four moyen.

La tarte de Linz se conserve bien un certain temps.

Et pour finir...

*Suivons la souriante sagesse de l'ami Fritz et laissons-lui le mot de la fin
tandis qu'il s'adresse à Süzel :
« Fritz lui fourra le dessert dans les poches de son tablier : les macarons,
les amandes, enfin tout. [...]
— Croque-moi cela ; tu as de belles dents, Süzel ! C'est pour croquer de ces bonnes
choses, que le Seigneur les a faites » (L'Ami Fritz, chapitre XVI).*

Glossaire

*Le dialecte alsacien (et non patois) se prête à la conversation plus qu'il ne s'écrit
et représente l'état de la langue allemande du Moyen Age. La prononciation alsacienne
est mouvante et varie selon l'endroit où l'on se trouve : au sud, les terminaisons sont
en « a » et au nord en « e ». On aura ainsi, par exemple, pour le mot « agneau » :
« Lammala » à Colmar et « Lemmele » à Strasbourg.
Quelques exemples :
Anisbredala : Biscuit (Bredala) à l'anis (Anis-)
Berawecka : Pain (Weck-) de poires (Bera-)
Bütemus : Mousse (Mus) de boutons (Büte-)
Fasenachtskiechla : Petits gâteaux (Kiechla-) de mardi gras (Fasenacht-)
Kugelhopf : Boule (Kugel-) qui saute (-hopf) hors du moule
Lammala : Petit (-la) agneau (Lamma-)
Linzertart : Tarte (tart-) de Linz (Linzer-)
Schangala : Petite (-la) cuisse (Schanga-)
Zemmetschnetta : Tranches (Schnetta-) de cannelle (Zemmet-)*

Tarte de Linz (Linzertort)

Table des recettes

Remerciements

*Merci à Pascal Schubnel, ancien élève de Paul Bocuse, Paul Haeberlin et Roger Vergé,
et à son équipe d'avoir accueilli dans le chaleureux Pavillon Gourmand
ces Desserts d'Alsace et d'en avoir permis la réalisation.
Heureux ceux dont les pas se dirigent vers le Pavillon Gourmand, 101, rue du Rempart-Sud
à Eguisheim, coquet et souriant village niché dans les vignobles, au sud de Colmar !*

*Tous mes remerciements vont à mes chères tantes Hélène et Marie-Cécile, gardiennes
des recettes de Mamama, ma grand-mère. Je n'oublie pas la famille Zinck : l'aïeule
Joséphine, savante pâtissière, l'habile maman Anne et la petite-fille Emmanuelle
toujours disponible ou encore ses oncle et tante, Lucie et Jules Schmidt.
Merci aussi à Marie-Claire Momot, zélée documentaliste de la Bibliothèque de Versailles.*